Manuel Machado

La guerra literaria I

1.ª edición, 2024

© Guillermo Escolar Editor SL
Avda. Ntra. Sra. de Fátima 38, 5.º B
28047 Madrid

Directora de la colección: Eva Ariza Trinidad
Diseño de cubierta: Javier Suárez
Maquetación: Equipo de Guillermo Escolar Editor

ISBN: 978-84-19782-49-6

DEPÓSITO LEGAL: M-9224-2024

Impreso en España / Printed in Spain
Kadmos
PI El Tormes, Río Ubierna 12-14
37003 Salamanca

Manuel Machado

La guerra literaria I

Guillermo
Escolar
e d i t o r

PRÓLOGO

La mano ávida de un editor ha pasado por mi mesa de trabajo y llevándose todos los papeles escritos... y algunos en blanco. O bien un vendaval los arrebató depositándolos luego –milagros de la fuerza– en un montón que parece un libro... Y, sin embargo, nada de esto. En el espíritu de un hombre, y más si este hombre es un escritor, pueden darse juntos (o separados) todos los matices. Y la vida se parece más a un libro así, invertebrado, que a una novela correctamente planeada y escrita.

Yo soy muy dueño de divagar a mi antojo. O mejor, yo no soy muy dueño de no divagar. Y divago. Es decir, escribo sobre esto y aquello lo que buenamente se me ocurre. Lo que no hay es la obligación de leer.

Y sin embargo, mi ingenua sinceridad tiene el interés de mostrar los estados de mi espíritu enfrente de las cosas de la vida y del arte sin la preocupación de hacer una obra literaria.

Tal vez incurro en el pecado de trivialidad vertiendo aquí impresiones sin substancia, o a propósito de cosas banales. Es decir, que tal vez hablo de cosas que no importan, o bien, lo que yo hablo de ellas no tiene importancia. Bueno, pues, con todo, más lógico me parece esto que ponerse *a hacer* un libro.

Decir buenamente lo que se piensa o se siente de las cosas es para ciertos temperamentos una necesidad. Proponerse escribir un tomo me parece, por lo menos, una cosa superflua, una chifladura que puede no ser nociva, y hasta producir en determinados casos una obra de arte, pero que en el fondo no deja de ser una extravagancia.

Me pasa con la *literatura* (en ese sentido) lo mismo que con la oratoria. No dejo de admirar a nuestros elocuentes retóricos; pero no concibo cómo para decir algo sea posible hablar tanto.

Todo esto, no para justificar lo desarticulado y heterogéneo del presente volumen, sino para salir al paso a los críticos de buena fe que lo encontrarán falto de unidad y de responder a su título...

LA GUERRA LITERARIA cuadra solo llamar a mis conferencias sobre el Modernismo, dadas por cuenta y encargo del Ministerio de Instrucción Pública. Lo demás son cosas que yo he ido viendo, pensando, leyendo... Y las he puesto aquí como las pude poner aparte, porque no creo que con esto ocurra nada grave.

De otra cosa se me tildará. De contradecirme con frecuencia. Y ya de eso no puedo defenderme fácilmente. Pero declaro, en cambio, que no me da pizca de vergüenza de mis contradicciones. De sabios es mudar de consejo, de hombres es equivocarse, de honrados reconocerlo. Además eso de pensar siempre lo mismo me parece contra todo lo natural y de una pobreza de espíritu extremadísima. La consecuencia es una virtud negativa. ¡Siendo tan mudable la vida! Desde niño me hizo reír, en boca de un orador de mitin, aquello de: «Lo dije el año sesenta y lo repito hoy»... Luego no se te ha ocurrido otra cosa de entonces acá.

Además este era un revolucionario, a quien todo lo nuevo le parecía nefando. Y, sobre todo, no concebía más revolución que la suya. Muchos liberalazos y aun republicanos conozco como aquel, que, después de tomarle a Francia las cuatro ideas que tienen en la cabeza no conciben que se traiga ya nada más de allí. Ni los sombreros de señora. Son consecuentes, sin embargo, con las novedades... de hace cincuenta años.

Pero vamos a lo de mis contradicciones, que ahora mismo se me está ocurriendo cómo responder al supuesto cargo. En el fondo yo soy también consecuente con mi carácter..., que es variable. De modo que si no me contradijese estaría en contradicción conmigo mismo. Y ya hay para todos los gustos.

Se me dirá también... ¿Se me dirá?... ¡Galicismo! En efecto –aunque los que suelen hablar de galicismo no suelen saber francés– yo cometo muchos. No me pago de purista, ni comprendo cómo hay quien se entretiene en eso, fuera de la Academia Española, que tiene la obligación, y el gran Mariano de Cávia, que tiene el capricho.

Con todo mi respeto a la Academia y mi devoción al maestro Cávia seguiré cometiendo galicismos siempre que me acomode para ser más expresivo y claro, es decir, siempre que me encuentre con que la expresión española está gastada y vieja, y no responde ya al matiz actual de una cosa o de una idea. Los que han dejado morir medio idioma castellano por ignorancia del cultivo de sus raíces y por el miedo de remozarlo con savia de lo popular y lo cosmopolita, no me harán perder el tiempo en desenterrarles sus muertos agarbanzados.

Todavía, finalmente, me dirán otra cosa. Y es que, si a mí no me importa la literatura, ni el casticismo, ni la retórica, ni la preceptiva, ¿para qué escribo? Pues sencillamente, para deciros lo que se me ocurre como vosotros cuando os dirigís a un amigo.

Hacedme la honra de considerarme como tal y veréis qué fácilmente nos entendemos.

Y cuando lo dicho no fuere de vuestro agrado, perdonadme.

Y que Dios nos perdone a todos.

LOS POETAS DE HOY

Tened por cierto, señoras y señores, que una de las cosas más importantes, útiles y positivas de nuestro pequeño mundo es la poesía. Esto es axiomático. No lo duda nadie..., y si alguien lo dudara no se le podría demostrar, como ocurre con todas las grandes verdades. El amor y la muerte, sin ir más lejos. Así la poesía. Tras ella corren los que lo han alcanzado todo. La fortuna, el poder, la sabiduría. Porque ella está no solo en los versos de los poetas, sino en todo lo que es bello, empezando por los ojos de las mujeres hermosas, en todo lo que es bonito, como dice el pueblo. Y como solo lo bonito da gusto, y aquí estamos a pasarlo lo mejor posible, pocas cosas pueden importarnos más que aquellas que contribuyen a hacernos la vida grata y llevadera.

Esto sentado, yo me propongo entreteneros con los lances y peripecias de la poesía y los poetas españoles de esta primera década de nuestro siglo XX, yendo a buscar, aunque de paso y someramente, las raíces de los modos y tendencias actuales a los últimos años del pasado siglo.

Yo voy a hablar de la vida de las letras en esta última etapa de nuestro desarrollo nacional, y voy a hablar de los sucesos literarios como testigo y no como historiador. Dejo a tiempos y a hombres más adelante la serena imparcialidad y la docta crítica. Estas son memorias de un poeta que ha vivido y luchado en su tiempo y que no ha salido aún del palenque. Tendrán, pues, el interés palpitante de la realidad y carecerán de la claridad y la enseñanza de las grandes síntesis en que habrá de simplificarlas la posteridad docta, fría y curiosa.

Escasa, pues, la parte doctrinal, nula la erudición, horro de notas, citas y apostillas, mi trabajo no es más que mi impresión personal sobre algo que todos conocéis tal vez más fría y severamente que yo, algo que ha sido durante algún tiempo tema de las conversaciones y de esas disputas españolas en las que nadie suele llevar la razón, en una palabra…, mi palabra sobre el *modernismo en la poesía*.

Es indudable que una notable floración poética ha tenido lugar en España en lo que va de siglo y que su germinación comenzó a raíz de los desastres políticos y militares con que despedimos al pasado.

Y fuerza es para darse cuenta de las condiciones en que vinieron a la luz los nuevos poetas que repasemos, aunque sea triste cosa, el estado de la vida nacional, de la mentalidad española en aquellos días cercanos aún, y, afortunadamente, tan idos para no volver jamás a nuestra historia.

***

Terrible, mansamente terrible para las artes españolas, y más particularmente para su mayor, la poesía, fue el largo periodo que transcurrió desde la muerte del rey D. Alfonso XII hasta nuestros últimos desastres coloniales.

Vivíase aquí en una especie de limbo intelectual mezcla de indiferencia y de incultura irredimibles. Irredimibles, porque, ignorándolo todo, lo despreciábamos todo también. Condición es esta tan española, que habría que buscarle las raíces en aquellos antiguos iberos de Argantonio, que vivían felicísimos, según la historia, y de quienes apenas se sabe otra cosa sino que fueron sucesivamente estafados, engañados y dominados por fenicios, griegos, cartagineses y romanos. Así nuestros modernos conterráneos de mi cuento vivían ociosos e ignorantes mientras sobre ellos se cernían las más terribles amenazas. Vivían tranquilos y estaban satisfechos. Las escasas ideas se paseaban por el cerebro de los españoles como los guardias del orden por las calles, por parejas. Aquí no se concebían más que dos cosas: blanco o negro, tuerto o derecho, chico o grande. Y si alguien pretendía colocar una tercera noción, la idea del matiz, la de un justo medio, entre la simple simetría de los pares, *anatema sit*.

Sagasta y Cánovas; Calvo y Vico; Lagartijo y Frascuelo... Campoamor, que era sin par, tuvo que aguantar toda la vida en frente la contrafigura de Núñez de Arce para no dejar cojo el sistema. Todo tenía que ser por pares, y donde no los había se inventaban.

Por la ancha calle baldía que estas dos hileras de faroles simétricos y antagónicos dejaban en medio, la holganza y la incultura –incultura e incultivo, mental y material– arrastraban a este grande y desdichado pueblo a los más crueles desengaños. Embotados y entristecidos por la inacción, hartos del romanticismo pasado e incapaces para la vida práctica y laboriosa, viviendo a la sombra de glorias muertas, leyendo una Historia primitiva y falsa, sin ánimos para rectificarla y hurtarle consecuencias amargas, pero provechosas; despreciando las letras y las artes en gracia al amor de las ciencias, entonces victoriosas en el mundo (amor, sin embargo, puramente platónico, puesto que jamás un nombre de Castilla figura en la larga relación de inventores y cientistas); despreciando cuanto se ignoraba, indisciplinados, pobres y arrogantes, así vivían los españoles de fin de siglo hasta los desastres del 96.

Nada hacían los gobiernos por la instrucción, único medio para dar disciplina, cohesión y rumbo a la opinión pública.

***

¿Qué era entre tanto de la poesía española en aquellos años tristes y baldíos?

Muere Zorrilla perfectamente desconocido y desestimado por las castas literarias, no así por el pueblo y los profanos en general. Pudo parecer, por poco tiempo afortunadamente, que se había sobrevivido a sí mismo. El pobre viejo, amargado y olvidado, había sobrevivido solamente al Romanticismo como escuela, que, en efecto, había pasado ya por completo, puesto que el mismo Echegaray —eterno mixtificador de todo lo que ofrecía probabilidad de éxito— ensayaba ya el naturalismo y hasta el simbolismo en el teatro. Pero, poeta de veras, poeta de siempre, sus últimos versos son, si cabe, mejores que los primeros, y sin perder su carácter exuberante y su riquísima vena castiza tienen ya las auras y los matices de la nueva poesía, de que son en realidad los primeros precursores. Porque este hombre, que murió más allá de los ochenta años, tuvo siempre el corazón joven y la mente. Y en una época y en un país en que era necesario punto menos que estar fósil para ser respetado, y en que los altos puestos se ganaban generalmente por prescripción, solo él tuvo el noble, el fuerte, el conmovedor atrevimiento de abominar en público de la fatal vejez y de las inferioridades que acarrea. Conmueve oírle exclamar en el momento de su coronación ante la Alhambra granadina que tan dulces cosas y soberbias le dijo siempre, aquellas palabras sinceras y lamentables: «Ya estoy viejo y ya no valgo lo que han dicho que valía».

***

Para colmo de inopia habíanse extinguido también, poco después, las dos lumbreras poéticas que se repartían el escaso entusiasmo público. Murió Campoamor en medio de la más absoluta indiferencia. Aquel gran cerebro, inquieto, matizado, pletórico de ideas, de dudas, de sutilezas mentales, era cosa tan exótica en la tierra del no pensar y del no saber, que casi como a extranjero se le había mirado, *y suspirillos germánicos* habíase llamado a sus composiciones. Hablo de la casta pseudo-literaria, repleta de retórica barata, porque, en verdad sea dicho, las mujeres leían a Campoamor con todo encanto y su obra quedó también en el pueblo. La revolución literaria que voy a reseñar someramente reivindicó luego toda su gloria. Pero no adelantemos los acontecimientos.

Campoamor había muerto, y el pobre Núñez de Arce, enfermo y débil, no tenía ya fuerzas para soplar su huera trompeta inocente. Cierta energía en la versificación, pobre de léxico, vacía de ideas y sensaciones, pero muy cuidada de metro y rima, le faltaba ya, y el buen D. Gaspar murió para las letras algunos años antes de fallecer definitivamente.

Así decapitada la poesía española, quedó reducida a un escaso número de imitadores sin carácter ni fuerza alguna, entre los cuales se ve sobresalir apenas las efímeras y borrosas figuras de un Velarde, un Férrari, un Manuel Reina. La poesía española se moría en medio del desprecio general, entre las zumbas de Clarín y las inocentes sátiras del *Madrid Cómico*, mantenedor de la lírica festiva más insulsa del mundo. Fue esta la época de *Madrid Cómico*. Un hombre de verdadera finura intelectual y de relativo buen gusto, Sinesio Delgado, dirigía la publicación, y en torno suyo se agrupaban nuestros lamentables

vaudevillistas y comedieros del género chico. Fue esta
la época del *género chico* y muy particularmente de los
melodramas comprimidos, quinta esencia de la más
odiosa cursilería literaria.

Todo entusiasmo, todo fervor era mirado des-
deñosamente y nunca tuvieron los poetas, bien
que merecidamente por entonces, un concepto
más desdichado en la opinión general. Los libre-
ros y editores repugnaban las colecciones de versos,
rechazábanse estos en los periódicos, y en el Ateneo de Madrid, donde tan altas cosas se han dicho,
pero donde casi toda necedad ha tenido también
su asiento, se discutía en serio si la forma poética
estaba llamada a desaparecer.

***

Por tales tiempos y costumbres, y a raíz de la gran
derrota, fue cuando comenzó a surgir la nueva
España, y, como siempre, muy por delante la poesía nueva. Por entonces nacieron a las letras los
jóvenes que, hoy maduros, representan nuestra
literatura en España y fuera de ella. Su obra, en

un principio, tuvo que ser negativa y demoledora. Jamás una juventud tuvo que sacar fuerzas tan de flaqueza, ni tuvo tan pocos impulsos recibidos de la generación anterior, ni tantos ejemplos... que no seguir.

Apenas parecieron los primeros innovadores, la indiferencia general se convirtió en unánime zumba atronadora. La palabra *Modernismo,* que hoy denomina vagamente la última etapa de nuestra literatura, era entonces un dicterio complejo de toda clase de desprecios. Y no era lo peor esta enemiga natural del vulgo, contrario siempre a toda novedad. A las buenas gentes se les desquiciaba su tinglado mental y se les complicaba cruelmente su saneado par de ideícas con que tan bien hallados estaban. Aullaron, pues, buenamente, como los perros a la luna, y prorrumpieron en ineptas risotadas durante algún tiempo, y aceptaron al cabo, sin más reflexión y por instinto, en cuanto ya estuvieron un poco fanés, las vitandas novedades.

Más dura fue la lucha con los escritores, críticos y literatos, que ocupaban por entonces las cumbres del parnaso español. Lejos de iluminar a la opinión sobre las nuevas tendencias, que para ellos debieron ser cosa prevista y conocida, se mostraron tan sorprendidos e indignados como la masa general; secundaron la zumba y la chacota y tronaron desde púlpitos más o menos altos contra el abominable *Modernismo*. Bien es verdad que aquellos escritores, que se llamaban maestros y sabios porque eran viejos y no querían saber nada, sospechaban ya por dónde les vendría la muerte, y, en cuanto a los críticos, cuya obligación profesional es iluminar al vulgo caminando delante de él sin asombrarse de nada, sabido es que en España caminan detrás, consagrando lo que la gente aplaude, condenando lo que rechaza, es decir, escribiendo siempre antes de enterarse... y después el no haberse enterado.

En tales condiciones, la lucha se imponía. La lucha trae siempre los excesos consigo. De los atentados a la retórica, a la prosodia, al academicismo neoclásico, que estaban en el programa, se pasó a los atentados contra el crédito literario y la obra personal de los señores del margen. Fue también preciso exagerar determinadas tendencias para romper el hielo de la indiferencia general; irritar con algún desentono los oídos reacios y adoptar ciertas *poses* para llamar la atención.

No os relataré las mil peripecias de la lucha, que todos tenéis presente, algunas de las cuales soy yo el primero en lamentar. La opinión y el tiempo han hecho ya gran justicia y continúan haciéndola. Lo que importa consignar aquí es que, conjuntamente a esta labor de rebeldía, de ataque y de demolición, la juventud poética española realizaba su obra generosa de pura poesía, sin más interés que el del arte ni más concupiscencia que la de la gloria.

Allá por los años 1897 y 98 no se tenía en España, en general, otra noción de las últimas evoluciones de las literaturas extranjeras que la que nos aportaron personalmente algunos ingenios que había viajado. Alejandro Sawa, el bohemio incorregible, muerto hace poco, volvió por entonces de París hablando de parnasianismo y simbolismo y recitando por la primera vez en Madrid versos de Verlaine. Pocos estaban aquí en el secreto. Entre los pocos, Benavente, que a la sazón era silbado casi todas las noches al final de obras que habían hecho, sin embargo, las delicias del público durante toda la representación.

Un gallego pobre e hidalgo, que había necesariamente de emigrar a América, emigró, en efecto, y volvió al poco tiempo con el espíritu francés más fino de los Banvilles y Barbéy d'Aurevilly mezclado al suyo clásico y archicastizo. Fue Valle-Inclán el primero que sacó el modernismo a la calle, con sus cuellos *epatantes,* sus largas melenas y sus quevedos redondos. Por entonces esto representaba un valor a toda prueba. Finalmente, con uno de esos fantásticos cargos diplomáticos de ciertas republiquitas americanas, se hallaba en Madrid Rubén Darío, maestro del habla castellana, y habiendo digerido eclécticamente lo mejor de la moderna poesía francesa. A estos elementos se unió el poeta ya entonces granado Salvador Rueda, cuya exuberante fantasía, descarriada a veces, pero poderosamente instintiva, había roto ya en cierto modo los límites retóricos y académicos.

Por una de esas coincidencias extrañas y paradójicas tan frecuentes en la vida, el primer órgano de publicidad que tuvieron los novadores fue aquel mismo *Madrid Cómico* convertido ahora en *La Vida Literaria,* que dirigía Jacinto Benavente. Allí por la vez primera se publicaron las *Cartas de mujeres* y el *Teatro fantástico*, base de todo el teatro de Benavente, obra de vida, de grande profundidad psicológica y honda poesía humana que ha venido luego triunfante a sustituir en nuestra escena a los disparatados dramones pseudorománticos que por entonces se estilaban. Allí dio a conocer D. Ramón del Valle los mejores trozos de su primer libro *Femeninas*, mostrando que la prosa puede cincelarse como el más pulido verso y darle la onomatopeya propia del asunto en un hábil trabajo de orfebrería literaria.

Valle-Inclán, estilista supremo, pudo enseñar a los escritores y al público cuánta era la pobreza de aquellas eminentes plumas que cultivaban el llamado estilo castizo, agarbanzado, clásico o cervantino, suprema flor del arte por aquellos tiempos. Finalmente, allí se imprimieron los primeros versos llamados modernistas, que escribían Rubén Darío y Juan Ramón Jiménez.

Una gran actividad con vistas a Europa había sustituido a la inercia anterior, y en todos los ramos literarios y artísticos, en general, las nuevas tendencias comenzaban a abrirse camino. La novela con Baroja y Azorín, el teatro con Benavente, la poesía lírica con Darío, Juan Ramón Jiménez, Marquina, Villaespesa. El periodismo pudo contar desde entonces con cronistas de verdadero arte, como Gómez Carrillo. La crítica artística y filosófica con José Ortega y Gasset. Y el movimiento de renacimiento español contó con hombres del antiguo renacimiento, como Rusiñol, pintor, poeta, dramaturgo, y con ese enorme propulsor de ideas y conmovedor de conciencias que se llama D. Miguel de Unamuno.

No cito sino algunas cúspides porque todos conocéis a la verdadera legión de ingenios que han ido floreciendo a nuestra vista. Legión he dicho, y tened por cierto que son tantos y tales, que bien puede España enorgullecerse de ellos y poner a sus artistas frente a los mejores de Europa. Así pudiera hacer lo mismo con los demás productos nacionales...

A la fundación de la *Vida Literaria*, siguió la de un sinnúmero de semanarios cuya vida fue efímera, brillante y loca, y que se titularon *Electra, Juventud, Revista Ibérica*, la *Revista Latina, Helios, Renacimiento*, y tantas otras creadas al calor de la juventud, independiente para todo, pero solidaria únicamente ante el amor del arte. Estas revistas, sostenidas principalmente por los poetas, lo tenían todo; escritores, suscriptores y público. Carecían solamente de administración, y como hijas pródigas de las más generosas intenciones, se arruinaban pronto y morían jóvenes. Morían, pero no sin dejar su buena huella luminosa.

Además ya no eran necesarias. Los grandes órganos de la prensa, las altas tribunas literarias, las casas editoriales y hasta los teatros, última palabra de lo hermético, estaban abiertos a la libre emisión de las nuevas ideas y formas literarias, no solo para los capitanes del movimiento, sino para los que venían en segunda fila. La gente, y después los críticos y editores, aceptaban ya lo nuevo en todas partes. En una palabra; el Modernismo había triunfado.

***

Y a todo esto, ¿qué es el Modernismo?, me preguntarán ustedes. Y en verdad que ustedes mismos tienen un poco la culpa de que yo no pueda explicárselo muy satisfactoriamente. Palabra de origen puramente vulgar, formada por el asombro de los más ante las últimas novedades, la voz *Modernismo* significa una cosa distinta para cada uno de los que la pronuncian.

Ya dije que para este el Modernismo es la cabellera de Valle-Inclán, para aquel los cuplés del Salón Rouge, para el otro los cigarrillos turcos, y para el de más allá los muebles de Lissárraga.

Pero circunscribiéndonos a la poesía, objeto de esta charla, y aceptando la palabra, puesto que no hay otra, trataré de explicaros la cosa lo más claramente posible.

El Modernismo, que realmente no existe ya, no fue en puridad más que una revolución literaria de carácter principalmente formal. Pero relativa, no solo a la forma externa, sino a la interna del arte. En cuanto al fondo, su característica esencial es la anarquía. No hay que asustarse de esta palabra pronunciada en su único sentido posible. Solo los espíritus cultivadísimos y poseedores de las altas sapiencias del arte pueden ser anárquicos, es decir, individuales, personalísimos, pero entiéndase bien, anárquicos y no anarquistas. No es lo mismo el no necesitar de gobierno que el predicar libertad a los salvajes.

Las viejas disciplinas, los dogmatismos estéticos que venían rigiendo, las manidas escuelas literarias poéticas, las estrecheces académicas y los cánones de preceptiva moral, todo eso fue lo que cayó arrollado a las primeras de cambio.

Si alguna consecuencia final grande y provechosa ha traído esa revolución en cuanto al fondo, es la de que el arte no es cosa de retórica ni aun de literatura, sino de personalidad. Es dar a los demás las sensaciones de lo bello, real o fantástico, a través del propio temperamento cultivado y exquisito. De modo que para ser artista basta con saber ser uno mismo.

Lo cual, entre paréntesis, es bastante difícil. Con que el Modernismo, lejos de ser una escuela, es el finiquito y acabamiento de todas ellas.

Los poetas españoles de este principio de siglo han aceptado, como no podía menos de suceder, lo que han encontrado de bueno y de útil en las literaturas extranjeras como medio de expresión y de promover sensaciones. Y, así, hay en ellos del simbolismo, del parnasianismo y de otros *ismos* que en Europa han servido para denominar ciertas agrupaciones artísticas...

Es de notar que esta influencia europea y principalmente francesa llegó a España, en primer término, desde la América latina.

***

Respecto a la forma externa de la poesía, las innovaciones son de dos clases: retóricas y prosódicas.

Las retóricas importan poco. Se reducen a no reconocer la obligación de las rimas consabidas, a no aceptar determinadas reglas para algunas estrofas, rechazar ciertos artificios obligatorios y en crear nuevas y variadas formas. De modo que esto, más que atentar a la integridad del Arte Poética, es ensancharla y aumentarle algunos capítulos para que tengan que comer los maestros del porvenir. A este particular, recuerdo que toda una tarde entera me estuvo el insigne D. Eduardo Benot, rechazando, indignado, un soneto, porque estaba escrito en versos alejandrinos, hasta que hube de decirle que en una retórica novísima se incluían ya estas clases de composiciones con el nombre de *sonites*.

−¡Ah, pues entonces está muy bien! −exclamó el buen viejo, convencido. Y cuenta que este era un gran revolucionario, el cual, como todos los revolucionarios, no concebía que se hicieran revoluciones, después de la suya, ni en la retórica.

En cuanto a las novedades prosódicas ya han sido más hondas y positivas. Dejando a un lado la versificación por pies métricos que ya era conocida, pero que alcanzó gran desarrollo en los poemas primeros de Jiménez, Villaespesa y los americanos, hay que decir algo sobre la tonalidad y la música general de los versos modernos.

No concebían los prosodistas que se saliera de los acentos tónicos obligatorios, constituyentes, como Benot les llama, en cada clase de versos.

Y hubo, sin embargo, dos poderosísimas razones para salir de ellos.

La primera es la que tuvo la música para salirse de los escasos ritmos bailables y de los eternos soniquetes en que estuvo encerrada hasta la aparición de los grandes maestros alemanes. Para dar a la música expresión real y amplitud ideológica, Wagner tuvo que romper la prosodia musical de su tiempo, tuvo que buscar melodías más vagas, más matizadas, pero mucho más grandes y más fuertes. Los oídos modernos no pueden ahora soportar los antiguos valsecitos retóricos.

La segunda razón, y quizás la más fuerte, es la de que, no entrando la poesía solamente por el oído sino tratando de dar sensaciones a la vista y a la inteligencia, la isócrona repetición constante de los acentos acapara y distrae la atención del lector, molestándola y separándola de otras sensaciones más interesantes, como el redoble de un tambor nos molestaría y nos desesperaría en momentos de contemplación o de recogimiento.

Estas son razones de puro sentido común que convencerían a un niño, pero jamás a un retórico ni menos a un prosodista. Gracias a que esta clase de lunáticos abundan poco.

***

He dicho que el modernismo no existe ya, y nada más cierto, en efecto. Abiertos los caminos, rotos en el fondo los prejuicios y en la forma las trabas en cuanto al metro y la rima; fertilizado el lenguaje con savia nueva, se trataba y se trata ya de trabajar en serio y abandonando toda pose. La personalidad de cada uno de los poetas españoles ha ido cristalizando en modos y formas perfectamente diferentes, sin que haya entre ellos nada de común que permita agruparlos bajo una misma denominación de escuela, secta ni tendencia.

Si alguno conserva aún algo de las primeras modalidades del Modernismo, es el insigne Villaespesa, en quien prepondera ya, sin embargo, la nota cálida, luminosa de su guitarra andaluza.

Juan Ramón Jiménez acudió hace mucho tiempo a los alardes de metrificación y ha encontrado cauce para su espíritu dulce y sensitivo, cantor de lo inefable, en el asonante del más sencillo romance octosílabo, y en las claras rimas infantiles.

Eduardo Marquina, que representa una protesta contra el turrieburnismo que caracterizó en un principio a los modernistas, hace una poesía dura, pero maciza de sentir y de pensar, cuya médula es un himno a la eterna renovación de la vida. Finalmente, Antonio Machado, de quien ser el hermano mayor no me impedirá decir que lo tengo por el más fuerte y hondo poeta español, trabaja para simplificar la forma hasta lo lapidario y lo popular.

No me incumbe a mí, compañero de estos, y de los otros que no cito y que también valen, daros aquí un juicio crítico de cada uno de ellos. Ni es hora todavía. Me limitaré, pues, a leeros una composición como tipo poético del temperamento de cada uno. A vosotros juzgar y perdonar las faltas del lector.

No quisiera despedirme de vosotros sin rechazar una acusación que se nos viene haciendo constantemente a los intelectuales de hoy, y, muy particularmente, a los poetas: la de no tomar parte en la vida política nacional. En cuanto a los gobiernos, hemos de confesar que no nos han llamado nunca a sus consejos ni a los puestos importantes de la administración o la enseñanza. En cuanto a las oposiciones, que hoy medio manejan ya el cotarro y que no hacen, sin embargo, más que dificultar la obra de los gobiernos de buena fe, declaro, por mi parte, que no me son simpáticas.

Además, yo creo que la única política patriótica consiste en hacer cada uno lo suyo lo mejor que pueda. Yo hago versos y no otra cosa. Y cuando algún furioso militante me excita a tomar parte en alguna labor política o sociológica, suelo responderle como Guerrita a aquel otro torero, que le pedía la punta de su capote para lancear al alimón:

—Toree usted con el suyo, que el mío es de seda.

GÉNESIS DE UN LIBRO

Hace próximamente un año disertaba yo en esta misma cátedra sobre la poesía moderna, *modernista*, si queréis, contemporánea en el más estricto sentido de la palabra.

Y hube de notar en gran parte del culto auditorio algo así como el deseo de que entrase yo en un examen más técnico y profundo de los modos de poetizar y aun de versificar de nuestros líricos en boga. Aunque se trataba de una amable conversación con personas y gentes más allá de la retórica, y, aunque señalé a grandes rasgos las características de nuestra poesía de hoy, noté, repito, una especie de decepción relativa a mi falta de doctrina y de sistema. Se quería indudablemente algo más de ciencia del arte, para lo cual (perdóneseme el palabreo) hubiera yo necesitado y deseado poseer el arte de la ciencia en el sumo grado de los ilustres conferenciantes mis predecesores. Y además, y por qué no confesarlo, una conciencia demasiado clara y fría de la labor de mis coetáneos y de la mía propia.

Yo vine a decir en resumidas cuentas, después de relatar como testigo y, ¡ay! como actor, la lucha entre las pasadas escuelas y las actuales personalidades, que la revolución operada últimamente en la poesía española se refería principalmente a la forma.

Faltóme entonces indudablemente, y desde entonces confieso que lo vengo echando de ver, el completar con un ejemplo, con el análisis técnico de una obra determinada y característica, mi lección de poesía moderna.

Y, pensando y buscando cómo llenar hoy este vacío, he venido a acudir a lo que tenía más a mano, es decir, a mí mismo.

No porque yo me tenga por modelo, ni mucho menos, sino porque no sé de nadie a quien pueda tratar con más confianza ni con quien tenga más íntimo conocimiento.

Voy, pues, a deciros cómo se pinta hoy con los versos. Voy a abriros las puertas del taller, cosa que no haría ningún artista del Renacimiento por todo el oro del mundo: perdonad el desorden en que vais a hallarlo. Abriros la puerta del taller vale tanto en un poeta como franquearos las entradas del corazón y los más recónditos antros de la mente.

Ah, perdonad todavía una salvedad. Yo voy a hacer esto por mostrároslo todo, no por enseñaros nada; no vengo en profesor, sino en ingenuo. Yo quiero que veáis conmigo y que sintáis si puede ser la génesis de un libro de poesías con todo lo que hay de consciente en la factura, con todo lo que hay de vago y de incoercible en el sentimiento.

El libro, sin embargo, escogido por mí entre los míos para esta experiencia, es una corta colección de sonetos sobre las obras maestras de la pintura universal.

Lo informan, pues, sentimientos reflejos de arte, doblemente tamizados por el pincel y la pluma. Es flor de estudio y de cultura, grata quizás únicamente a los que conocen bien y saben amar las grandes obras de mundial renombre a que se refiere. Y la he escogido precisamente por eso; porque si no me retrata ni me descubre a mí –salvo lo que hay de personal en toda transcripción artística–, tiene en cambio la ventaja de representar esa transfusión del color a la palabra tan perseguida por los modernos escritores, esa indelimitación entre las dos artes distintas que ha sido mi entender tan saludable a los poetas como peligrosa para los pintores. Estas pinturas a pluma, o poesías a pincel, se prestan sobremanera a disquisiciones de técnica literaria que vendrán a su tiempo.

Téngase bien en cuenta, sin embargo, que no se trata en este libro de simples transcripciones o descripciones ajustadas al original pictórico y que tengan como fin la simple evocación del cuadro. Yo he procurado la síntesis de los sentimientos de la época y del pintor, la significación y el estado del arte en cada momento, la evocación del espíritu de los tiempos. Y algo más, la sensación producida hoy en nosotros, insospechable para el autor. En una palabra yo *pinto* esos cuadros tal como se dan y con todo lo que evocan en mi espíritu; no como están en el Museo, teniendo muy buen cuidado de cometer ciertas inexactitudes que son del todo necesarias a mi intento. Artimañas son estas, si queréis, pero ya os dije que iba a iniciaros en los secretos del taller.

Y ahora que conocéis mi propósito vamos a ver cómo, hasta dónde y con qué medios lo he puesto por obra.

Comienza mi «Apolo», que así se titula este teatro pictórico, con un soneto, dedicado a Fra Angélico, cuyo primer verso, si he de ser fiel a mi promesa de decíroslo todo no me dejará pasar adelante sin una breve aclaración:

La campanada blanca de maitines, dice,
al seráfico artisto ha despertado, etc.

Hacedme grada del asonante *campanada blanca* hecho adrede con el fin de contribuir a la sensación de albor y de candor que se persigue, y cuyo empleo es ya viejo. Quién no recuerda el verso de Espronceda hecho por el mismo procedimiento:

las altas casas con su blanca luz.

Y Espronceda no era ningún modernista. Era simplemente poeta, es decir vate, adivino, precursor.

Vamos a la adjetivación de un sonido por un color: *campanada blanca*. ¿Hay realmente sonidos colorados y colores sonoros? Yo creo que sí, nosotros creemos que sí, y utilizamos estas transfusiones como elemento de arte, lo mismo que se utilizan en la vida la electricidad, el magnetismo y aun el hipnotismo, sin saber todavía muy bien lo que son estos fenómenos. De aquí a sentar una teoría más o menos caprichosa, de las vocales coloreadas, como han hecho Rimbaud y otros fantaseadores, hay largo trecho. Pero, si reducir estos fenómenos a un sistema no ha sido posible todavía, y pudiera llamarse loco al que lo da por hallado, no menos puede llamarse necio al que los negase en absoluto.

Sabido es que, en Física, color y sonido no son sino vibraciones del éter, y que el calor y el movimiento se transforman fácilmente en fluidos eléctricos.

Y aun en el lenguaje corriente estas transfusiones están aceptadas a condición de haberse convertido en lugares comunes. Y nadie se estremece cuando se dice, por ejemplo, una *brillante* sinfonía o una pintura *cálida*...

Pues así he llamado yo blanca a la campanada de maitines, como precursora y evocadora del alba, alba que tiene en mi soneto la doble significación de la madrugada real y de los cándidos albores de la pintura italiana, de la pintura en general, que constituye el asunto de la composición. Refiérese esta más directamente al conocido tríptico de la Anunciación que se admira en nuestro Prado. Pero el solo nombre de Beato Angélico evoca los de sus contemporáneos tan sabidos Giotto, Ghirlandaio, Cimabue, Perugino, el Pinturicchio, ingenuos pintores de escenas santas, albor del Renacimiento, con sus vírgenes de comba frente, hierática apostura y dulces ojos divinamente perfilados; con sus púrpuras uniformes y sus inocentes iluminaciones de oro y seda. Por eso se mientan en el soneto las frentes virginales y las manos de nácar, y se termina la estrofa con una frase sacramental y litúrgica que da la sensación de la ingenua religiosidad de los prerrafaélicos.

Y ahora que sabéis lo que se ha tratado de hacer y cómo, ved hasta dónde se haya conseguido, recordando el cuadro y oyendo el soneto:

La campanada blanca de maitines
al seráfico artista ha despertado,
y, al ponerse a pintar, tiene a su lado
un coro de rosados querubines.

Y ellos le enseñan cómo se ilumina
la frente y las mejillas ideales
de María, los ojos virginales,
la mano transparente y ambarina.

Y el candor le presentan de sus alas
para que copie su infantil blancura
en las alas del ángel celestial

que, ataviado de perlinas galas,
desciende al seno de la Virgen pura,
como el rayo del sol por el cristal.

***

Otro albor de la pintura apuntaba en el norte, paralelo al italiano, y tan distinto. Los Países Bajos, que empezaban a ser nuestros con el matrimonio de

44

Madama de Castilla y D. Felipe el Hermoso, tenían también sus pintores primitivos, al par de los de Italia. Pero aquello era otra cosa. Las condiciones materiales del país y de la luz, el carácter de la vida social, la fuerza de las democracias y la existencia del pueblo como entidad política importante, guiaban a los artistas a la pintura de la realidad y aun del retrato. Primitivos, sin embargo, no supieron librarse en un principio del hieratismo en las figuras y la minucia en el detalle, que los caracteriza. Y, sobre todo, aquellos divinos fondos de paisaje y de ciudad sin perspectiva, tan cercanos de los ojos como lejanos en el recuerdo, deliciosos paisajes de nacimiento y de juguete que nos evocan siempre los días de nuestra niñez, capaces con su encanto inefable de hacernos desear —por momentos, claro está— que no se hubiese descubierto nunca la perspectiva.

Yo os he traído la doble representación pictórica y poética de un retrato de doña Juana la Loca, obra de artista holandés primitivo y desconocido, probablemente de Van Laethem, como pudiera serlo de Van der Goes, de los Van Eyck, de Mabuse. Larga es la historia de este retrato hoja de un tríptico cuyo *panneau* central se ha perdido y que figuró con su compañero lateral (el retrato del príncipe D. Felipe, esposo de D.ª Juana) en la última Exposición del Toisón de Oro en Bruselas, de donde ha podido obtener la reproducción fotográfica la Junta de Iconografía Nacional que preside el ilustre Marqués de Pidal y de que es secretario el insigne escritor D. Jacinto Octavio Picón.

Aparte de la significación artística y pictórica de este retrato, he querido yo dar en mis versos la sensación moral y física de la persona de D.ª Juana, vástago débil y desmedrado de la casa de Castilla, quebradiza y enferma, y tan interesante en su atonía y su mutismo, minada ya de la vesania que estalló a la muerte del rey y que la ha hecho célebre en la Historia.

Y todo ello expresado por el pintor sobre aquel fondo impagable en cuyo ingenuo último término se distingue perfectamente el palacio que D.ª Juana hizo llevar consigo al coronarse princesa de Brabante.

Ved y oíd:

Hierática visión de pesadilla,
en medio del paisaje está plantada—
alto el brial y la color quebrada—
la reina doña Juana de Castilla.

Liso el pelo a ambos lados de la frente,
bajo el velludo de la doble toca…
Ausente la palabra de la boca,
y, de los ojos, el mirar, ausente.

Abierto el regio y blasonado manto,
como una flor enferma, el débil talle
deja ver, encerrado en el corpiño.

Y en una lejanía —mas no tanto,
que se pierda el más mínimo detalle—
hay el paisaje que soñara un niño.

***

Paso por alto la estrofa sobre Botticelli, en cuyo retablo de *La primavera* está ya casi en pleno el Renacimiento. No quiero fatigaros. La composición es más lírica que las otras; casi completamente personal. Yo supe de ese cuadro en París y su recuerdo va en mí asociado a otras impresiones que no son del caso.

Y henos aquí ya ante el gran maestro florentino poeta, filósofo, matemático y hasta charadista en los ratos de ocio. He nombrado a Leonardo da Vinci, al más consciente, complejo y misterioso pintor del Renacimiento, al que tuvo y guardó más secretos de arte, después de revelar tantos, al que supo que gran «poesía acompaña a las figuras puestas delante de una puerta que da acceso a una habitación en sombra», al inefable autor de *La Gioconda*.

Las innumerables hojas de papel escritas e impresas sobre la sonrisa de Madona Elisa, de la que se ha hecho un problema de Arte, un problema de Filosofía, un problema de Amor, un problema de Ciencia, pesaban sobre mí al escribir esos versos, todo interrogaciones, como todo enigma es el retrato de la hija de Francisco del Giocondo, desde su aparición hasta su desaparición misteriosa. Yo pienso con pena, no exenta de cierta admiración, en el loco que ha privado al mundo de esa sonrisa única. Porque para mí el robo de *La Gioconda* del Louvre es un verdadero rapto. La obra de un enamorado obseso y terrible, que a estas horas goza a solas del objeto de su pasión o que tal vez lo ha destruido, lo ha *matado*, para que no vuelva a sonreír a nadie.

Mi soneto no es feliz, pero la contemplación del cuadro, aun siendo nuestra dúplica del Prado, os indemnizará de la música:

Florencia —flor de música y aroma—
patria del gran Leonardo inenarrable,
madre de lo sutil y lo inefable…
Florencia del león y la paloma.

Mona Lisa sonríe, Madona Elisa
mira pasar los siglos sonriente.
… Y nosotros también eternamente
llevamos en el alma su sonrisa.

Sonríe la Gioconda… ¿Qué armonía,
qué paisaje de ensueño la extasía?
¿Por dónde vaga su mirar velado?…

¿Qué palabra fatal sueña en su oído?...
¿Qué amores desentierra del olvido?...
¿Qué secreto magnífico ha escuchado?...

***

Hubo un emperador, el más grande, el más fuerte, el más rico, que llegó al apogeo del poder humano. La mañana de la batalla de Mühlberg, el orbe entero era suyo. El viejo mundo, que dominaran Alejandro y César, y el Nuevo, que, por español, caía bajo su cetro. Este hombre no amó más lujo que el de las artes y el de las armas. Se llamó Carlos V. Y hubo un pintor digno de este hombre. Fue Tiziano Vecellio, príncipe de la escuela veneciana, emperador del Arte de la Pintura. Hablaros del uno y del otro parece completamente ocioso. La simple asociación de sus nombres me da hecha la síntesis que vais a escuchar. Yo, como el pintor, he llenado mi cuadro con la figura que llenaba por entonces el mundo y he puesto al pie, sencillamente, la firma del artista.

Ved qué os parece:

El que en Milán nieló de plata y oro
la soberbia armadura, el que ha forjado
en Toledo este arnés, quien ha domado
el negro potro del desierto moro…

El que tiñó de púrpura esta pluma—
que al aire en Mühlberg prepotente flota—
esta tierra que pisa, y la remota
playa de oro y de sol de Moctezuma …

Todo es de este hombre gris, barba de acero,
carnoso labio socarrón, y duros
ojos de lobo audaz, que, lanza en mano,

recorre su dominio, el Mundo entero,
con resonantes pasos y seguros.
En este punto lo pintó Tiziano.

***

Cuando yo empecé mis estudios de arte, el Greco era, en el sentir de la crítica, el último de los grandes pintores españoles. Después llegó a declarársele el primero. Después... El Greco es, sin duda alguna, el más genuino y expresivo pintor de la España de su tiempo, de aquella España reconcentrada, furiosamente idealista, conquistadora en nombre de la fe harapienta y grave, con los ojos puestos siempre en el cielo y tropezando a cada instante en la tierra, sin rendirse nunca. En este sentido y no el de su técnica discutidísima, he considerado yo al gran Theotokópoulos, y escogido para mi Museo uno de sus retratos anónimos, el de *El Caballero de la mano al pecho*. Y he procurado, como el artista al pintarlo, simplificar los colores de la paleta. Nada brillante en la indumentaria, sino el pomo de la espada. De la cabeza, en cambio, digo que *surge* de la golilla, porque, en efecto, nadie como el Greco para dar a los rostros la expresión de la vida interior y del fuego del espíritu.

Recordad si no aquel magnífico entierro del Conde de Orgaz, en que, sobre los tonos apagados de la ropilla, surgen verdaderamente, como llamas de cirio, las cabezas de los caballeros allí retratados. Y algo de llama hay también en el retorcimiento de sus figuras religiosas... Pero esto nos llevaría demasiado lejos. Lo que yo he tratado de sintetizar a través del cuadro es el espíritu español de entonces y de siempre. Los caballeros del Greco andan aún por estas calles, tan incapaces de sonreír como en aquel tiempo. Ved el prototipo:

Este desconocido es un cristiano
de serio porte y negra vestidura,
donde brilla no más la empuñadura
de su admirable estoque toledano.

Severa faz de palidez de lirio
surge de la golilla escarolada,
por la luz interior iluminada,
de un macilento y religioso cirio.

Aunque solo de Dios temores sabe,
porque el vitando hervor no le apasione
del mundano placer perecedero,

en un gesto piadoso, y noble, y grave,
la mano abierta sobre el pecho pone,
como una disciplina, el caballero.

Al pintor de la Verdad, su tierra, dice la inscripción de la estatua de Velázquez, de Sevilla. Para mí es algo más que el pintor de la Verdad. Es la propia Verdad pintando. Para mí no tiene antecedentes ni consecuentes; es único y aparte. Veo en todos los demás artistas la técnica, el arte, la paleta. En Velázquez veo la vida… y, entonces, ya no sé nada, como pasa con nuestra vida misma.

Por eso, en mi transcripción poética de este maravilloso retrato de la infantita de Austria D.ª María Teresa, no miento para nada el Arte. Al referirme a la coloración del rostro, aludo a los afeites con que estucaban sus mejillas nuestras damas del XVII, no a la pintura del artista. Lo que he procurado es rendir en mis versos toda la elegancia, toda la decadencia, toda la infinita amargura de la deliciosa infanta, tan viva en el cuadro y, aún más, que lo estuvo nunca en la realidad:

> *Como una flor clorótica el semblante,*
> *que hábil pincel tiñó de leche y fresa,*

emerge del pomposo guardainfante,
entre sus galas cortesanas presa.

La mano —ámbar de ensueño— entre los tules
de la falda desmáyase, y sostiene
el pañuelo riquísimo, que viene
de los ojos atónitos y azules.

Italia, Flandes, Portugal… Poniente
sol de la gloria, el último destello
en sus mejillas infantiles posa…

Y corona no más su augusta frente
la dorada ceniza de cabello,
que apenas prende el leve lazo rosa.

Coronas que se caen de las frentes fatigadas, ojos cansados y delicadas manos incapaces de sostener ya un cetro, de puro finas y reales. Recordad los admirables retratos del IV Felipe pintados por el monstruo:

Nadie más cortesano ni pulido
que nuestro rey Felipe, —que Dios guarde—
todo de negro hasta los pies vestido.

Es pálida su tez, como la tarde,
cansado el oro de su pelo undoso
y, de sus ojos el azul, cobarde.

Sobre su augusto pecho generoso
ni joyeles perturban ni cadenas
el negro terciopelo silencioso.

Y, en vez de cetro real, sostiene apenas,
con desmayo galán, un guante de ante
la blanca mano de azuladas venas.

Pero Velázquez no fue solo el pintor de las decadentes aristocracias reales. He dicho que él era como la vida, y en la vida española de su tiempo, en aquella España que aguardaba famélica el oro de los galeones de América (que caía casi siempre en manos de los ingleses) convivía con magnates caballeros y soldados el hampa rufianesca, la truhanería y la gallofa, que llegaba, como el hambre y la miseria, hasta el propio Palacio, con los bufones del rey. Inmortales figuras de Pablillos, don Manolito, don Antonio el Inglés, don Sebastián de Mora,

Barbarroja, y, sobre todo, don Juan de Austria. ¿Cómo llegó España, como llegó la corte a dejar caer tan gran nombre sobre tan mezquino sujeto, haciendo así mofa de la más gloriosa ocasión que vieron los siglos y del recuerdo de un vástago tan ilustre de la propia Casa Real?...

Los tiempos eran de perder y los nobles caballeros pierden siempre sonriendo.

Don Juan de Austria, el bufón... Don Juan terrible,
la socarrona cara jocoseria,
bajo el gorro anacrónico y risible...
¡Don Juan de la verdad y la miseria!

Hay en sus ojos de amargura un sello,
y en vano burlan de su mal talante
las damas del absurdo guardainfante
y décuple archivolta en el cabello.

No fue en Lepanto, pese a su alto nombre.
Pero, amigo de un rey de glorias harto,
entre sus timbres de alta prez hay uno

que hace de él un amable gentilhombre,
prestó un doblón al gran Felipe cuarto
en cierta noche de terrible ayuno.

***

Yo no sé si a vosotros os habrá pasado alguna vez lo que a mí. Después de recorrer las salas de nuestro Museo y sobre todo la magnífica crujía central donde solicitan la vista y sacuden fuertemente el espíritu con intensidad violadora las inquietantes fantasías y las realidades tremendas de Goya, los soberbios y dorados desnudos del Tiziano, la opulenta policromía de Rubens, la suprema verdad de Velázquez inexorable, la ardiente angustia contenida del Greco, los feroces contrastes del Españoleto..., el sentir como una caricia de la luz en los ojos y en el espíritu, como un descanso inefable al deteneros en aquella pequeña rotonda clara y pacífica donde se exponen los cuadros de Murillo. De mí sé decir que aquello me halaga y tranquiliza como agua que se remansa tras la carrera torrencial, y mi vista se posa dulcemente sobre aquellos ángeles tan niños y aquellas vírgenes tan maternales... Sentía y pintaba este hombre tan *humanamente* las cosas divinas, que para trasladar yo al verso la poesía de su obra he tenido que valerme de un artificio de inversión: algo así como volver el lienzo del revés para mirarlo al trasluz Y, así como él humaniza lo divino, trato yo de divinizar lo humano, Y, tomando por base la *Sacra Familia*, pinto una escena familiar cualquiera que bien pudo servir de modelo al maestro.

Y todo envuelto en la luz de Sevilla, que es la luz de sus Glorias.

Años se cumplen que su hogar fundaron
Rosario y José Antonio, y, junto a ellos,
un niño —blanca tez, rubios cabellos—
atestigua la fe con que se amaron.

El niño —alma de pájaro— gorjea,
en los brazos saltando de su padre.
Morena y dulce, arrúllale la madre.
El amplio lecho en la penumbra albea.

En la amorosa y cálida armonía
de esta dulce familia sevillana
hay algo santo… En este hogar sencillo

él es el Patriarca, ella es María
y es el niño, Jesús… Por la ventana
entra una luz de Gloria de Murillo.

***

Otro pintor cortesano, por quien toda persona de buen gusto hubiera querido ser retratada, fue Van Dyck, que retrató, en efecto, a lo más elegante de la elegante corte de los Carlos ingleses. Pintor de aristocracias, yo he escogido para mi colección la figura de un exquisito fin de raza: *Un príncipe de la casa de Orange*. El cuadro está en París, en el Louvre, y yo digo de él:

A este joven señor, tan bellamente
vestido, blanco el traje y la gorguera,
blanca la tez, envuelve en luz poniente
el oro viejo de su cabellera.

De su apostura la elegante gracia
tiene una laxitud de laxitudes,
y en el pecho podridas las virtudes
de su clara y fatal aristocracia.

Tedio y desdén en la orgullosa frente,
vago pesar en la mirada infausta...
Lujosísima espada, en joyas rica.

Cruza una banda él busto indiferente.
Blanca mano espectral, de sangre exhausta,
y en la mano un limón, que significa...

Que significa... El limón –que no es limón, sino naranja– significa sencillamente que el retratado, Duque de Richmond pertenece a la casa de Orange. Bueno está saberlo. Pero ¿no os parece que queda mejor el soneto sin decirlo?

***

El más formidable contraste con este retratista de magnates lo forma su conterráneo el flamenco

Teniers, pintor del pueblo y del pueblo más groseramente alegre y sensual que ha habido en el mundo. Había sido hasta entonces la pintura el lujo de los grandes. Pero en Holanda, el pueblo fue también rico y fue también amo. Teniers, que lo amaba, fue el primero en pintarlo en todo el esplendor de su alegría bulliciosa y desapacible, en toda la ingenua brutalidad de sus apetitos y sus expresiones, y en toda la exuberancia de vida y de fuerza que en él radican:

Ya está aquí el pueblo, el de la ruda mano
y el abundante corazón sencillo,
con su música alegre de organillo
y su reír descomedido y sano.

Teniers lo amaba, y lo pintó el primero
a las luces de antorchas macilentas
en orgías alegres y violentas
o en sus fiestas de albogue y de pandero...

Y helo aquí, que se atraca y refocila,
y en pintorescos ágapes desfila
por tabernas, posadas y figones...

Grita furioso, ríe a plena boca,
ansioso bebe y come y gusta y toca,
y hace cosas de perro en los rincones.

***

Dejo por no cansaros, ni cansarme, en blanco aquí hoy la época de los sucesores de Velázquez hasta llegar al más complejo y original espíritu de arte entre los pintores de España. Si Velázquez es la vida sin adjetivos, Goya es la vida con toda su amplitud, con toda su policromía versiforme, vista a través de un admirable temperamento de filósofo. Solo que, como es sabido, la filosofía se convierte en humorismo en los artistas. Tampoco tiene Goya antecedentes en la historia de nuestra pintura. En una época en que además de pintarse mal, se pintaba sin carácter y sin alma, floreció aquel fenómeno, todo espíritu, expresión y fuerza, padre insuperado ni igualado de la pintura moderna, ansiosa de significación y preñada de simbolismo. Él es el primero y el mejor de los impresionistas, de los pleneristas, de los simbolistas. Todos los rasgos que él marca y acusa, así en sus retratos como en sus composiciones, tienen una fuerza reveladora y una significación especial. Él no sabe pintar sin decirnos lo que piensa de sus escenas y de sus personajes. Su espíritu flota siempre por encima de su obra. Es ya el arte nuevo. La realidad a través del alma del artista. Ved el retrato ecuestre de la reina María Luisa, al que he tratado de dar todo el humor de que tal vez sin querer rebosa el propio cuadro:

Al contemplar la juventud forzada,
de este cuerpo flexible, y aun ligero,
la inclinación garbosa del sombrero,
y el fuego inextinguido en la mirada…

Aun es gallarda la apostura, aun tiene
gentil empaque la real persona
de esta arrogante vieja, esta amazona,
mejor montada de lo que conviene.

Y en vano esta cabeza, un poco loca,
pierde el cabello, y súmese esta boca,
y de estos ojos el mirar se empaña…

Con su uniforme —rojo y negro— ella,
siempre será la suspirada y bella
María Luisa de Borbón, de España.

Y ved ahora la terrible escena de los fusilamien-
tos de la Moncloa con toda su descarnada crueldad,
con toda la brutalidad de la muerte a mansalva. Ved
esa tremenda fila de los fusiles, perpendicular a la
vida, matando apresuradamente, y a racimos, al
pueblo madrileño.

Él lo vio… Noche negra, luz de infierno.
Hedor de sangre y pólvora, gemidos…
Unos brazos abiertos, extendidos
en ese gesto del dolor eterno.

Una farola en la tierra casi alumbra,
con un halo amarillo que horripila,
de los fusiles la uniforme fila
monótona y brutal, en la penumbra.

Maldiciones, quejidos.., un instante
primero que la voz de mando suene,
un fraile muestra el implacable cielo.

Y en convulso montón agonizante,
a medio rematar, por tandas viene
la eterna carne de cañón al suelo.

***

Para admirar este cuadro y para gustar los versos que vais a oír, es preciso haber vivido en el extranjero. Es preciso saber cómo se nos desconoce sistemáticamente fuera de España y cómo se nos ama con amor de artistas, precisamente a causa de este desconocimiento. Nada es verdad en esta *Carmencita* de Sergent... o bien ella es toda la verdad de nuestra España, fuera de España. Yo he tenido que interpretar, no sin cierta pena, este concepto mundial, y mi soneto está tan lleno de mentiras como este cuadro admirable.

Esta española yanki, y tan francesa,
que es toda España —para el mundo—, tiene
un ardor en los ojos, que le viene
de un corazón de virgen satiresa.

Mística, y tan carnal, sabe de amores
únicos y de espasmos indecibles.
Y coloran sus labios los terribles
rojos de las heridas y las flores.

Pasión rugiente duerme en su ancha ojera,
y en el seno magnífico que exulta
un gran valor y un miedo milenario...

Puesta la mano en la gentil cadera,
junto de la morena carne oculta
una navaja y un escapulario.

Aquí termina el libro y la conferencia. Yo quisiera haberos dicho algo de lo que siempre se nos queda en el tintero y que es quizás lo mejor y lo más esencial de nuestra obra. Desearía al menos que no os hubieseis aburrido demasiado. Si así no es, ya no tiene remedio. Solo me resta pediros el perdón de las faltas, como en las antiguas comedias.

FERNÁNDEZ Y GONZÁLEZ[1]

Don Manuel Fernández y González cuyos son los
medianos versos que vais a oír no era, sin embargo,
más que un poeta, un gran poeta, todo sentimiento,
corazón y gracia.

Semejante a esos jóvenes herederos de grandes
fortunas que, desconocedores del valor del dinero,
lo tiran, derrochan y malgastan, él desparramó y
derrochó el oro de su soberbia imaginación sevillana en centenares de obras, que no han de pasar
muy allá del tiempo, pero cuyo total asombra, por

[1]   La sección de literatura del Ateneo de Madrid, pre-
sidida por el insigne Benavente tuvo, en el pasado
curso, la buena idea de organizar una serie de conferencias sobre los grandes poetas españoles. A ella
pertenece el articulo presente.

69

la riqueza de la invención, la agilidad de la prosa o la armonía jugosa del verso, y, más que nada, por el número y la vena con que se improvisaron.

Es fama que nuestro D. Manuel llegó a dictar a sus escribientes cinco y seis novelas a un mismo tiempo. ¿Cómo eran esas novelas? Semejante en todo al viejo Dumas, halló Fernández y González en la Historia, en su sentimiento fantástico, pero cuán perspicaz, a veces, de la Historia, el más rico venero para su producción. Las leyendas medievales, los lances caballerescos del siglo de oro, el penacho, la capa, la espada, el birrete almenado y la flotante garzota, desfilan lujosos por su mundo novelesco, donde la trama, los episodios y las peripecias no suelen tener más lógica que la de un cuento de hadas.

En una ocasión hablábase de cierto personaje llamado don Diego de Medina y hubo de objetarle uno de sus amanuenses: «Recuerde usted, D. Manuel, que a este don Diego lo hemos matado en el capítulo anterior». «No importa —repuso airado el novelista—; puesto que yo lo he creado, bien puedo quitarle la vida y devolvérsela cuando se me antoje». Escribe ahí: «De cómo no había muerto don Diego de Medina».

Innumerables son sus novelas de este género y de aquellas otras que hacían temblar a las almas sencillas de ha cincuenta años con los lances de bandoleros y caballistas. ¡Oh divinas entregas de a cuartillo de real; adorables librotes inacabables, deletreados al rincón del fuego por el único lector de la casa, mientras en torno junta el miedo, la atención y el encanto las cabezas de oro y las de plata!... Aquellos tiempos pasaron, y no sin enriquecer antes a unos cuantos editores, que devoraron con su prisa y su avaricia el talento y la vida de muchos escritores pobres, es decir, españoles. Uno de esos tiranos fue el célebre Manini, que acosaba sin piedad a Fernández y González. Bien que este, independiente y ariscote de suyo, lo desesperaba a menudo con dilaciones y morosidades. «Don Manuel: que vienen por el original para Manini». «Que vuelva *manana*», respondía él muchas veces, y seguía durmiendo tan tranquilo.

Pero volvamos a sus novelas, encanto de la época, y aun encanto nuestro muchas de ellas. Como un admirador entusiasta le dijese después de leer una de sus fantasías históricas: «Parece que ha conocido usted a los personajes». «No los he conocido —respondió él—, pero los presiento». Y sí, en efecto, los presentía, los adivinaba, como poeta que era. Y algunas de sus obras, como *Men Rodríguez Sanabria*, *Pero Gil* y *El cocinero de Su Majestad*, tienen tal sabor de época, de vida, tal carácter de verdad en sus escenas y personas, que prueban hasta dónde, con el reposo y el estudio, hubiera llegado aquel ingenio maravilloso.

Pero reposo, estudio, eran incompatibles con su vida. Y su vida, otra novela de fantasía, que vale quizás más que su obra, no fue más que un derroche constante de energía, de salud, de fortuna. Una bohemia incoercible e incorregible, fecunda en lances y aventuras excéntricas, llena de bellos gestos y de muecas grotescas, de salvajes alardes de independencia —sin más norma que el capricho de una imaginación desenfrenada— pintoresca y amarga... Muchos le habéis conocido. Todos sabéis de él rasgos que lo retratan de cuerpo entero. Recordad, si no, la ocasión en que, habiéndosele mostrado en Burgos la estatua sepulcral de don Enrique de Trastámara, se fue a ella gritando como un energúmeno: «Vil bastardo fratricida; yo, D. Manuel Fernández y González, el primer novelista español, con más talento y más vena que Alejandro Dumas, te abofeteo». Y, descargándola sobre el duro mármol, se destrozó lastimosamente la mano derecha...

Alto, huesudo, blanco ya el hirsuto bigote, chispeantes los ojos entre espirituales y espirituosos, ronca la voz, tal me lo recordaba ayer un ilustre amigo mío que le oyó muchas noches en el viejo café Suizo sus excéntricas y admirables concepciones de la vida y de la realidad. «Diga usted, D. Manuel —le preguntó una noche uno de la tertulia—, ¿quién ha sido mejor poeta, Homero o usted?». «Te diré —contestó olímpicamente—, Fernández y Gonzalez».

Para terminar. Si es cierto lo que me han contado de sus últimos momentos, hay en ellos un rasgo único, una frase inmarcesible, que, revelando la firme creencia de todo espíritu grande en el más allá, constituye al mismo tiempo la cifra más clara y la sátira más amarga de su vida agitada y atropellada. Alguien, sentado a su cabecera, le animaba conversando aún de arte y de letras y hablándole piadosamente del porvenir. Don Manuel quiso contestar algo; pero, sintiéndose morir asfixiado por la disnea, solo pudo exclamar, «¡No!... me ahogo, me muero». Y, doblando la cabeza sobre el pecho, murmuró sonriendo: *Se continuará*. Fueron sus últimas palabras. Las mismas que mil veces había escrito al pie de sus folletines.

Un duro y un paquete de cigarrillos constituían el único haber que se encontró en su cuarto desmantelado. Este hombre, que había sido rico, o ganado al menos montones de dinero, fue enterrado de limosna. Y es que estos seres pasan en manos de la fatalidad por las vicisitudes de esas florecillas que se deshojan diciendo: «Oro, plata, cobre... nada».

ÍNDICE